JUEGOS MAT[illegible]

Colección dirigida por

Juegos de lógica

9-11 AÑOS

Christian Redouté

Ilustraciones de Joëlle Dredemy

terapiasverdes

Índice por nociones abordadas

Combinación

Deducción

Localización

Operaciones

La familia

Buenos días, soy el Maestro de Lógica, el sabio de Conejilandia. Para comenzar, te propongo que conozcas a mi familia.

- La abuela tiene dos años más que yo, que soy el abuelo.
- La abuela tiene 23 años más que la mamá de Conejín, que a su vez tiene 5 años menos que su marido (el padre de Conejín).
- El papá tiene 26 años más que Ágata, la hermana de Conejín.
- Ágata tiene 2 años más que Conejín que tiene 9 años.
- De hecho, Conejín es mi nieto...

Encuentra la persona más mayor de la familia.

Conejín tiene .... años.

Edad de Ágata: | 9 | + 2 | Ágata tiene .... años.

Edad del padre: .... años.

Edad de la madre: .... años.

Edad de la abuela: .... años.

Edad del abuelo: .... años.

La persona más mayor es:

....

¿Cuál es mi nombre ?

¡Ahora que me conoces un poco mejor, ya es hora de que conozcas mi nombre!

Cada uno de los enigmas siguientes corresponde a una letra: resuelve los enigmas y luego ordena las letras en el orden creciente de los resultados obtenidos.

- Encuentra el número siguiente.
  124 – 234 – 344 – L
- Efectúa la operación.
  42 × 11 = ... O
- Encuentra el número siguiente.
  7 – 5 – 6 – 4 – 5 – .... S
- Encuentra el número que sigue.
  204 – 193 – 182 – 171 – ...... E
- Juan tiene 8 años.
  Su hermano tiene dos veces la edad que él tenía el año pasado.
  Edad de su hermano: P
- Si A vale 1, B vale 2, C vale 3, D vale 4, etc. ¿Qué valor tiene la palabra NADA? .... G
- Cuando el mirlo silba 2 veces son las 4 h.
  Cuando silba 3 veces son las 6 h.
  Cuando silba 4 veces son las 8 h,
  ¿Qué hora es cuando silba 6 veces? .... U
- Si 9 = 0, 8 = 1, 7 = 2 y así seguido,
  ¿cuál es el valor de 648? .... R

Yo me llamo:

Superlog se entrena

Todas las mañanas, el maestro cuida su forma. Trata de ser más rápido que él: ha tardado 5 minutos.

Encuentra el número que falta.

- 2 – 4 – 8 – 16 – 32 – [ ]
- 15 – 12 – 13 – 10 – 11 – [ ]
- 2 – 4 – 3 – 9 – 8 – [ ]

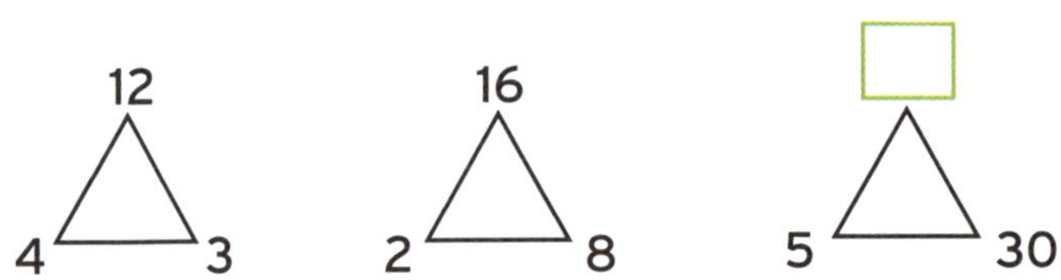

Observa los números que figuran en las diagonales.

¡Todo es cuestión de diferencia!

Completa cada secuencia coloreando o dibujando la figura que falta.

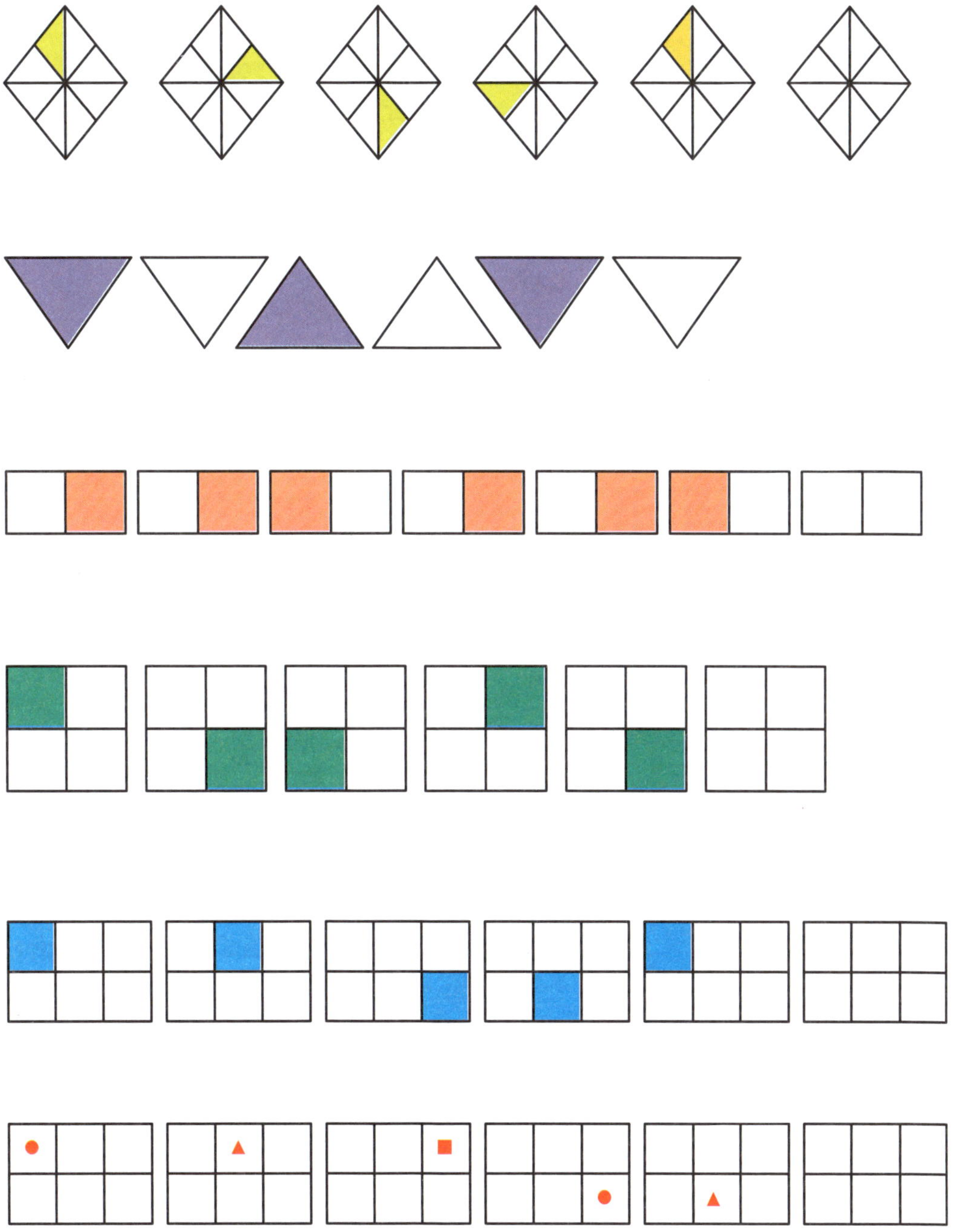

Los pequeños tesoros

Por casualidad, Superlog ha encontrado algunos tesoros. Querría saber su valor.

Sabiendo que cada lote vale 30 monedas de oro.

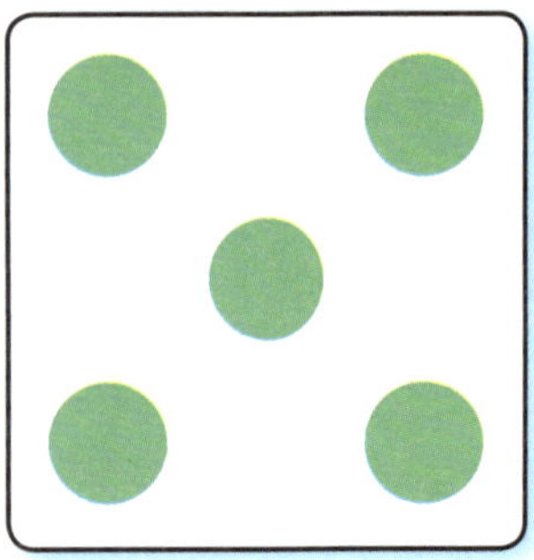

1.er lote

2.º lote

3.er lote

4.º lote

- Si 5 círculos valen 30 monedas de oro, ¿cuánto vale un círculo? ....
- Reemplaza los círculos por su valor en el lote número 2. ¿Cuál es el valor del rectángulo? ....

El círculo vale: .... El rectángulo vale: ....

El triángulo vale: .... El cuadrado vale: ....

1 Si una estrella vale 2 círculos y un círculo 2 cuadrados, encuentra el lote que tiene más valor.

Lote 1.er

Lote 2.º

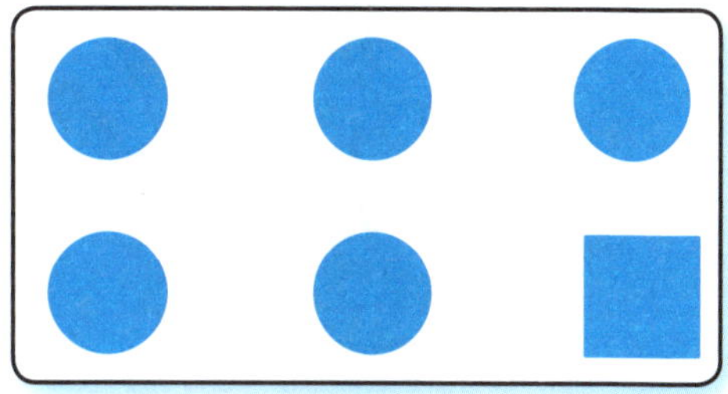

Lote 3.er

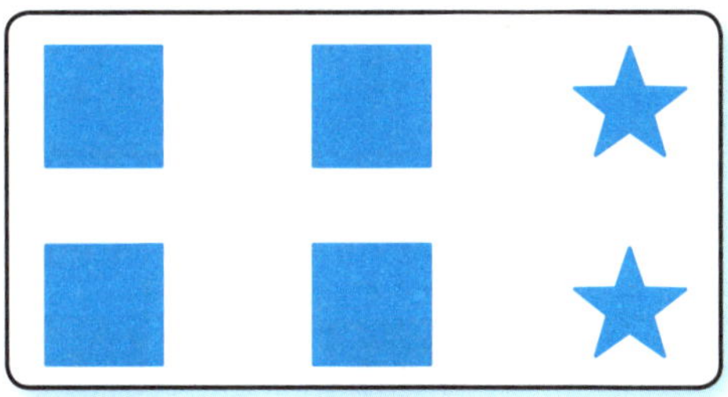

Lote 4.º

Para encontrarlo, busca el valor de una estrella con relación al cuadrado.

Una estrella = ... cuadrados.

El lote número .... es el más valioso.

2 Conejín tiene una bolsa que contiene canicas negras y canicas rosas:

- Una canica negra pesa dos veces más que una canica rosa.
- Una canica rosa pesa 7 g.

¿Cuánto pesa la bolsa de canicas?

.... g.

Números cruzados

Hoy, Superlog propone números cruzados a su nieto, Conejín y a sus amigos.

Números para colocar:

3 – ~~4~~ – 5 – 5 – 8 – 8 – 9 – 9 – ~~17~~

Hay que colocar en la cuadrícula los números que se proponen para que la cuadrícula sea exacta.

- Los números ya escritos en la cuadrícula están tachados: ya no se pueden utilizar.
- Falta el signo de una operación.

	+		=	17
-		-		-
			=	
=		=		=
4	+		=	

Con los números propuestos, ¿cuál es la única manera de obtener 17 por suma (primera línea)?
Escríbelo en la cuadrícula y tacha los números en la lista.

Con los números restantes, ¿cómo se puede obtener 4 por sustracción (primera columna). Continúa.

Coloca los números que proponemos para que la cuadrícula sea exacta.

	-		=	1
-		:		+
	×		=	8
=		=		=
	×		=	

Los números utilizados ya están tachados en la lista.

Números para colocar:

~~1~~ – 2 – 3 – 3 – 4 – 6 – 7 – ~~8~~ – 9

Para ayudarte:

– efectúa la operación propuesta en la última columna;

– ¿Cómo obtener ese resultado por multiplicación con los números propuestos?

Rellena esta cuadrícula para que sea exacta. Utiliza los números que quieras.

1	+		-	2	=	5
+		×		+		+
	+	2	+		=	
+		:		-		-
	+		:	1	=	
=		=		=		=
8	+		:	2	=	6

Los frutos secos

Superlog pone a secar frutas y verduras para el invierno. Le gustan las fresas (F), los dátiles (D), los brócolis (B) y los albaricoques (A).

Ordena las frutas con Superlog, sabiendo que la misma fruta no puede colocarse jamás dos veces en la misma línea.

¡Cuidado con los círculos que están en varias líneas!

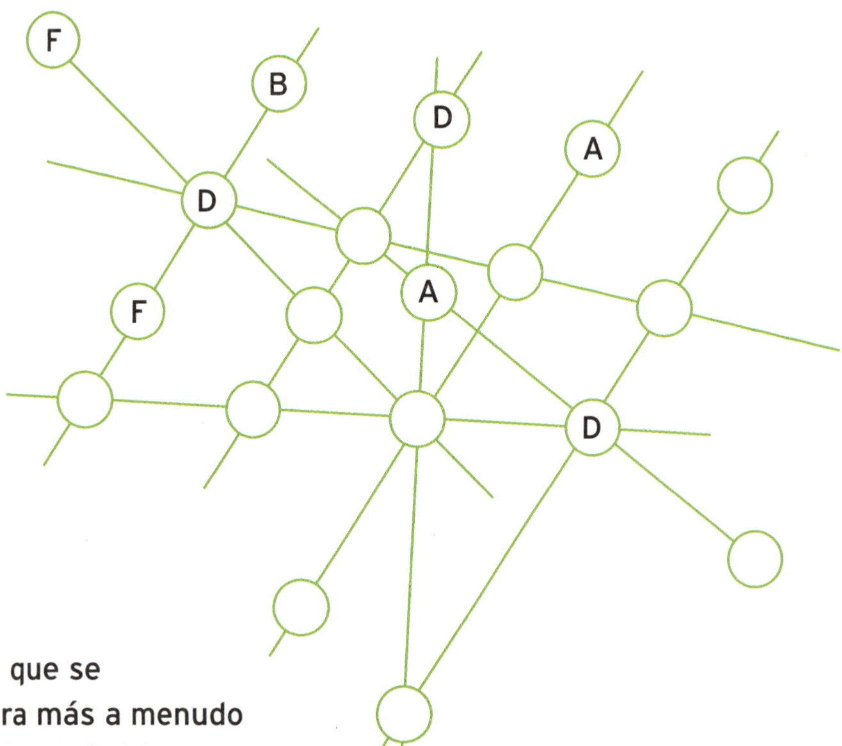

La fruta que se encuentra más a menudo es la fruta preferida de Superlog.

Superlog prefiere los ....

1 Ayuda a Superlog a ordenar sus billetes en los lugares libres.
Cada línea tiene que estar compuesta por billetes de color diferentes: rojo (R), azul (B), verde (V) y amarillo (J).

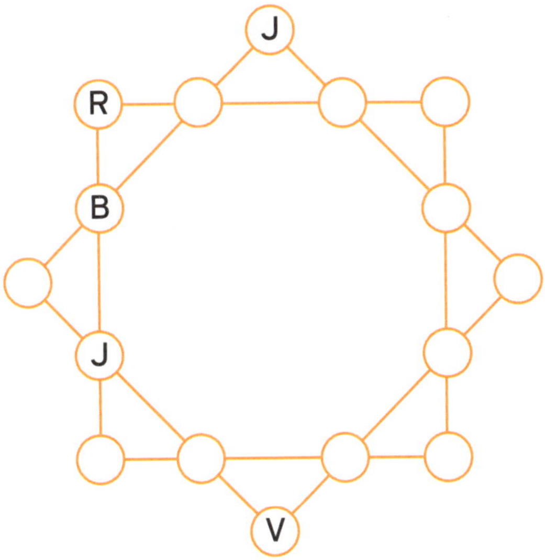

~~J~~	~~J~~	J	J
~~V~~	V	V	V
~~B~~	B	B	B
~~R~~	R	R	R

2 Conejín, Serafín y Juana compran sus verduras en lotes. Los nabos se venden por 7, las zanahorias por 5 y los tomates por 3.

- Cada uno compra 21 verduras, en 5 lotes como máximo.
- Conejín solo compra un tipo de verdura.
- Serafín compra 2 tipos de verduras.
- Juana compra todo tipo de verduras.

¿Qué tiene cada uno en su cesta?

Conejín tiene: ....

Serafín tiene: ....

Juana tiene: ....

Los cuadrados pintados

Superlog se pone a pintar. Pero como es un poco desordenado, quisiera saber ahora cuántos cuadrados enteros ha pintado ya.

El cuadrado □ es la unidad de área.

Ayuda a Superlog a contar los cuadrados.

Para ayudarte:

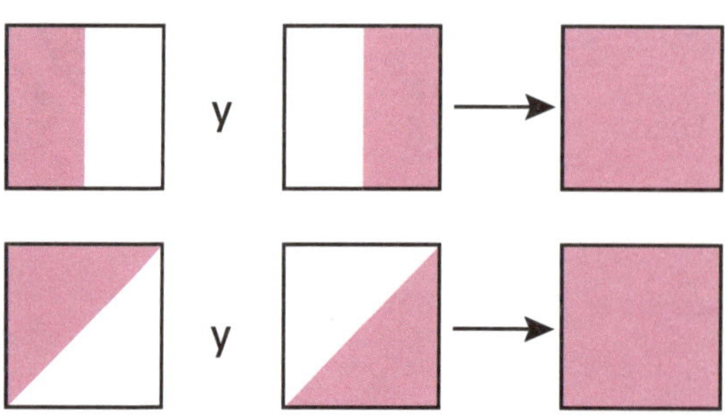

Número de cuadrados pintados:

....

Superlog ha pintado en unas placas de vidrio.
Si superpone las 3 placas de cada línea, ¿cuántos cuadrados serán aún transparentes?

a) número de cuadrados transparentes: ....

b) número de cuadrados transparentes: ....

c) número de cuadrados transparentes: ....

Las zonas cifradas

Superlog decide separar esta cuadrícula en 4 zonas de manera que cada zona forme, por la suma de sus números, un total de 31.

Reglas a respetar:

- No puede haber el mismo número en una misma zona.
- Las zonas obtenidas no son idénticas y tampoco tienen el mismo número de casillas.

8	2	3	5	6
7	4	5	2	10
6	10	3	1	4
14	17	2	8	7

Por suma, ¿qué resultado obtienes con los dos números situados a la izquierda de la última línea? ....

Falta descubrir 3 zonas
¿Cuántos números 2 hay? ....
Recuerda que no pueden encontrarse en la misma zona.

Continúa.

Esta cuadrícula debe separarse en 4 zonas.
Cada zona debe sumar un total de 27.

¡Localiza los números repetidos varias veces!

3	4	12	10	5
7	8	8	7	11
2	4	1	10	1
5	4	3	2	1

8	2	3	5	6
7	4	5	2	10
4	12	3	17	4
14	1	2	8	7

Esta cuadrícula debe separarse en 4 zonas.
Cada zona debe sumar un total de 31.

Esta cuadrícula debe separarse en 4 zonas.
Cada zona debe sumar un total de 27.

¡Cuidado! Esta cuadrícula contiene 4 veces el número 5 y 4 veces el número 2.

5	11	9	5	10
1	2	2	3	7
7	9	9	5	2
5	3	2	3	8

Los números que faltan

¡Esta vez, Superlog te desafía!

Se trata de colocar en la cuadrícula los números propuestos, para obtener por medio de sumas el resultado indicado

Números que hay que colocar:

2 – 8 – ~~12~~ – 7 – 9 –
~~4~~ – 14 – 5 – 6

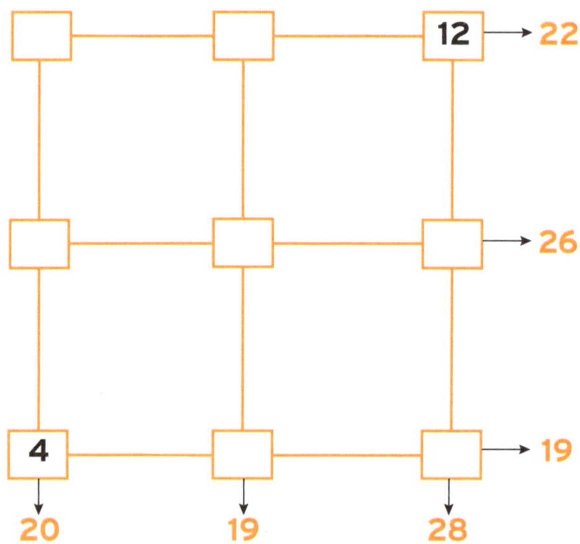

Observa la primera línea.
¿Cuánto falta para obtener el resultado indicado? ....

¿Cuáles son los 2 números de la lista que te permiten obtenerlo? ....

Si pones un 8 arriba a la izquierda, ¿cuánto te falta entonces para obtener 20? ¿Es posible? ....
¡Coloca el 8 en el lugar que conviene!

Superlog tardó 10 minutos en rellenar estas dos cuadrículas... ¡Consigue hacerlo más deprisa!

Números que hay que colocar:
2 – ~~4~~ – 6 – 7 – 8 –
10 – 12 – ~~17~~ – ~~19~~

Comienza por la línea central. ¡Reflexiona!

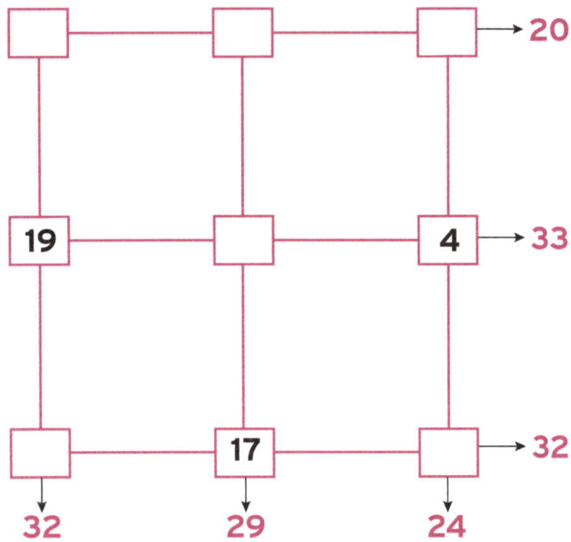

Números que hay que colocar:
~~3~~ – 8 – 10 – 14 – 17 –
20 – 25 – ~~29~~ – 31

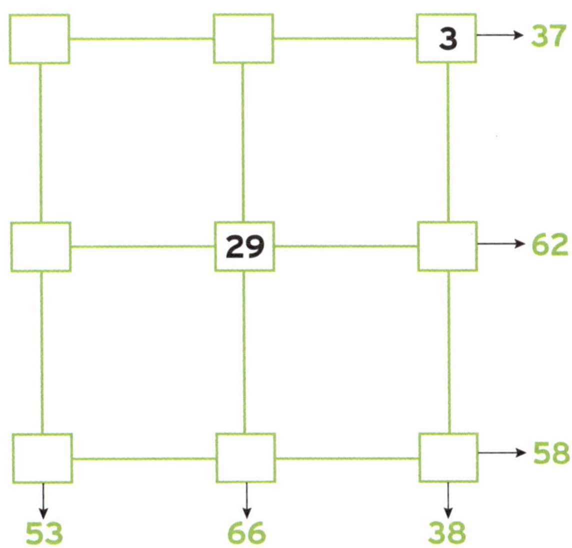

Rompecabezas geométrico

¿Puedes ayudar a Superlog a reconstituir su embaldosado con ayuda de las piezas que ha mezclado?

- Las piezas están colocadas en el rompecabezas igual que como están dibujadas.
- Se han utilizado todas las piezas.
- La pieza coloreada en naranja está bien colocada.

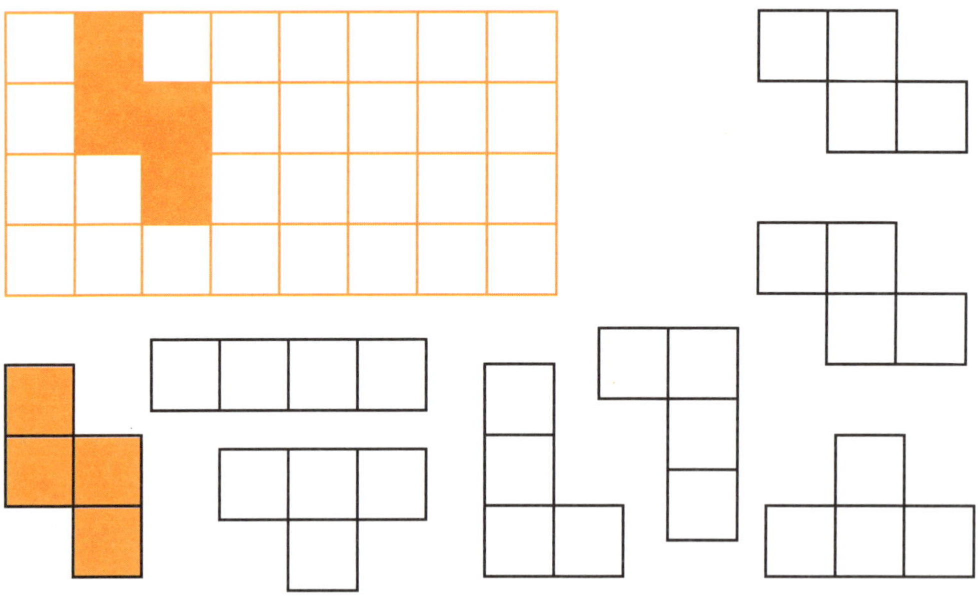

Observa el espacio a la izquierda de la pieza coloreada en naranja. ¿Cuál es la única pieza que puedes colocar en ese lugar? Coloréala.

Haz lo mismo con el espacio que está situado debajo de esta pieza.

Figuras endemoniadas

¡Ayúdame a resolver
este rompecabezas:
me mareo!

Coloca los números en los círculos que conviene sabiendo que:

- Hay que utilizar las cifras del 1 a 8.
- Dos cifras consecutivas no pueden encontrarse jamás en los círculos unidos por un trazo.

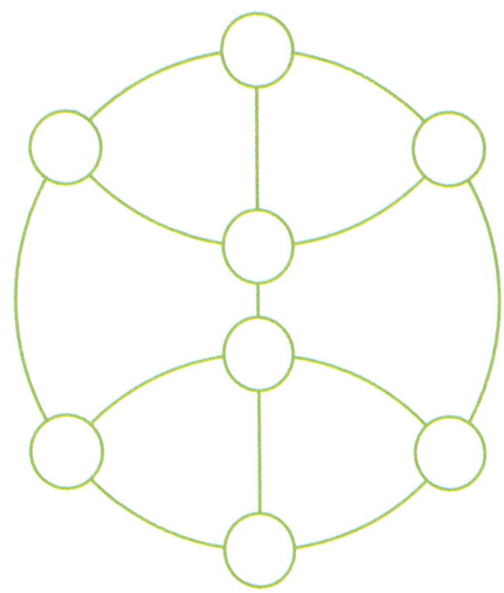

¡El problema es el mismo, pero los trazos son más numerosos!

Observa bien todos los trazos.
¡Esto se complica!

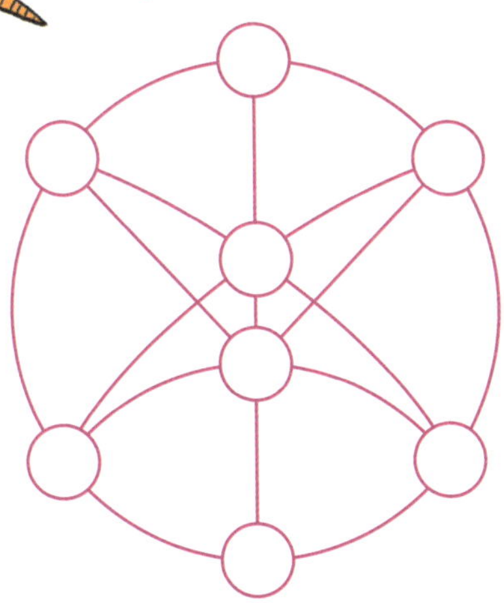

Cuadrados codificados

¡Qué líos!
¡Ayuda! ¡Ayuda!

Ayuda a Superlog a encontrar el valor de cada símbolo sabiendo que:

- Cada símbolo representa siempre el mismo número.
- Esos números están comprendidos entre 1 y 5.
- □ es un número par.

□	△	×	○	→ 13
□	○	□	○	→ 14
□	×	×	△	→ 15
△	○	△	□	→ 9
↓ 13	↓ 12	↓ 15	↓ 11	

□ = ...
△ = ...
× = ...
○ = ...

Si □ es par, entonces □ = ... o □ = ...

Observa la primera columna: hay 3 □.

Entonces, 3 × □ = ... o ....

Una de esas soluciones es imposible porque, para alcanzar 13, el valor de △ sería superior a 5.

Entonces, □ = ... y △ = ...

Encuentra el valor de cada símbolo, sabiendo que:

- Cada uno representa siempre el mismo número.
- Esos números están comprendidos entre 1 y 5.
- ☾ y ☆ son impares.

☆	▭	▭	☆	☾	→ 17
☾	▭	☾	☾	▭	→ 13
☾	☆	▭	◇	◇	→ 18
☆	◇	☾	▭	◇	→ 18
↓ 16	↓ 13	↓ 10	↓ 14	↓ 13	

☆ = ...

☾ = ...

▭ = ...

◇ = ...

Haz el mismo ejercicio con los números siempre comprendidos entre 1 y 5.

△	⏢	△	⏢	○	→ 12
⏢	△	⏢	△	⏢	→ 11
□	□	○	□	○	→ 13
○	⏢	△	○	⏢	→ 10
○	△	○	□	△	→ 15
↓ 12	↓ 13	↓ 13	↓ 13	↓ 10	

△ = ...

⏢ = ...

○ = ...

□ = ...

Palabra escondida

Si quieres saber lo que come Superlog, descubre la palabra escondida con ayuda de las siguientes informaciones.

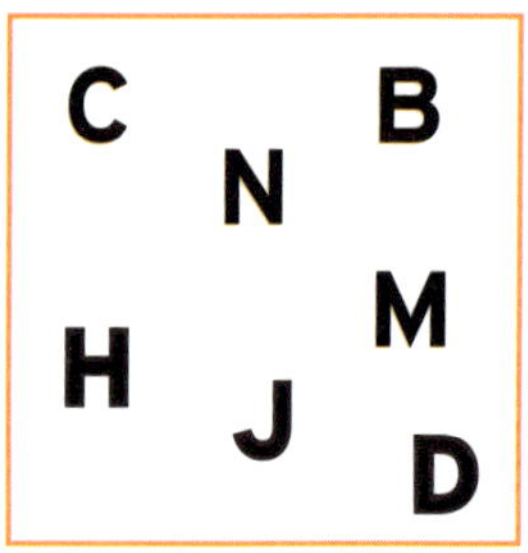

La primera letra aparece en el rombo y el cuadrado pero no en el círculo ni en el hexágono.

La segunda letra aparece una sola vez en tres figuras pero no en el cuadrado.

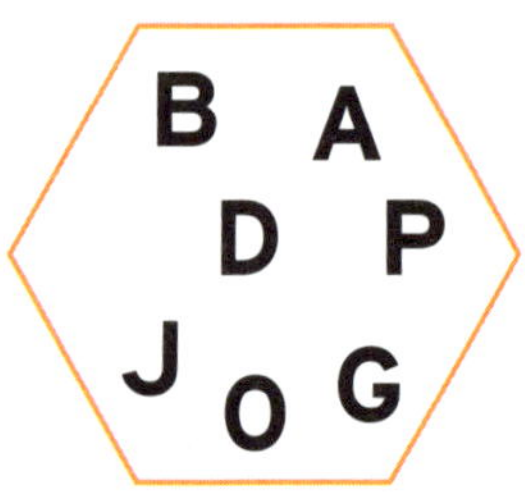

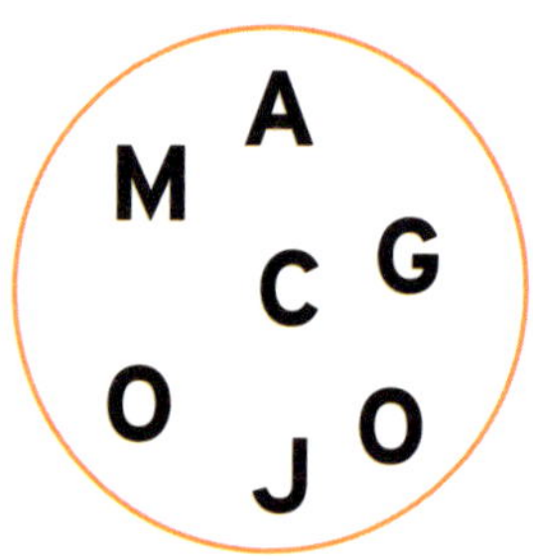

La tercera letra está una vez en el cuadrado y una vez en el hexágono pero no está en el rombo.

La cuarta letra está dos veces en una figura, una vez en otra y no está en otras dos.

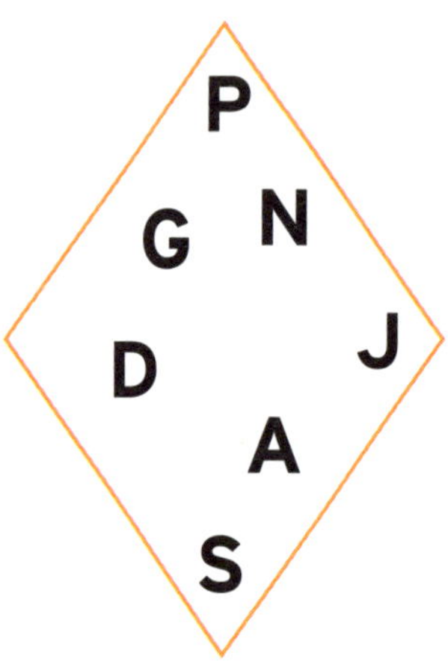

La última letra está en el rombo pero no está en las otras figuras.

Superlog come:

Superlog se marcha de vacaciones: te deja adivinar adónde va.
Allí podrá descansar tranquilamente.

- La primera letra está una vez en cada figura geométrica.
- La segunda letra aparece en el círculo y el cuadrado pero no en las otras figuras.
- La tercera letra se encuentra una vez en una figura, dos veces en otra pero no en las otras dos.
- La cuarta letra aparece una vez en tres figuras pero no en la última.
- La quinta letra no está en el rombo; aparece en total cinco veces.

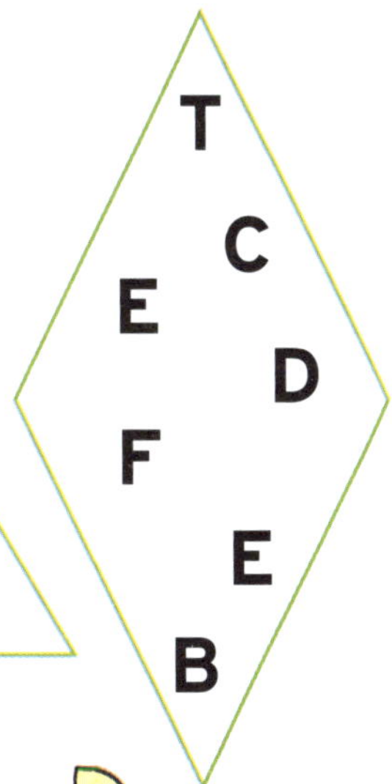

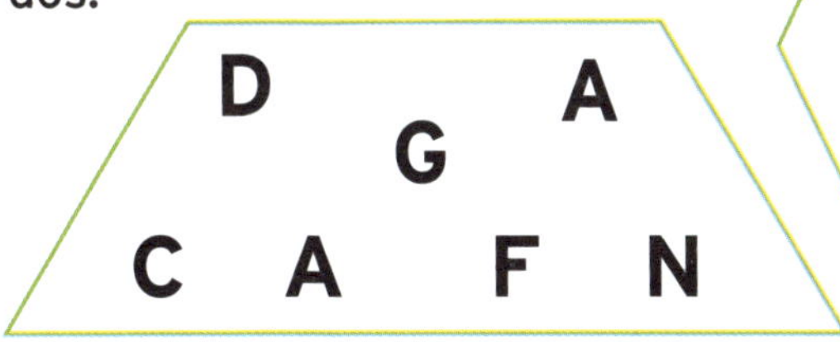

Superlog se marcha a una: | | | | | |

Las camisas de Superlog

Superlog elige sus camisas para los próximos días: lunes, martes y miércoles.

- Tiene una camisa de lana, una camisa de algodón y una camisa de seda.
- Todas tienen colores distintos.

Con ayuda de las informaciones que siguen, encuentra cómo se vestirá Superlog.

La camisa de algodón es negra.
El lunes, Superlog se pondrá una camisa de lana.
El martes, la camisa será verde.
Por lo general, Superlog nunca se viste de amarillo los miércoles.

	Materia	Color
Lunes		
Martes		
Miércoles		

1 ¿Quién lee cada libro?

Superlog va cada semana a la biblioteca pública.
Allí encuentra a sus amigos, Pedro, Pablo y Santiago.

Cada uno coge un libro diferente.
Uno de ellos elige una novela de aventuras.
No se trata de Superlog.
A Superlog y a Pablo no les gustan las novelas policiales.
Santiago escoge un cómic.
También se han llevado un libro de matemáticas.

Pedro lee: ....

Pablo lee: ....

Santiago lee: ....

Superlog lee: ....

2 Superlog tiene un libro de matemáticas, un libro de francés, un libro de ciencias y un libro de historia.
El lunes, no abre ni el libro de francés ni el libro de historia.
El martes, estudia a los reyes de Francia.
El jueves está reservado a las matemáticas.

¿Qué materia estudia Superlog el viernes? ....

¡Ay, las maletas!

Superlog y la abuela se van
algunos días de vacaciones.
Viajan en avión
y tienen que vigilar
el peso de sus equipajes.

Ayuda a Superlog a pesar sus maletas.

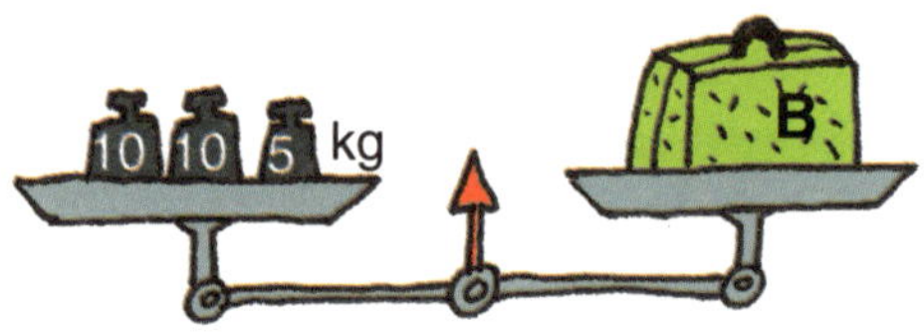

Observa el segundo dibujo:
¿cuánto pesa la maleta B?

Maleta A: .... kg. Maleta B: .... kg.

Ahora, Superlog se ocupa de las tres maletas de la abuela.
Pésalas con él.

Peso número 1

50 kg

Peso número 2

81 kg

Peso número 3

55 kg

Observa el peso número 2
y el peso número 1.
Así puedes encontrar
el peso de la maleta E.

Peso de la maleta C: .... kg

Peso de la maleta D: .... kg

Peso de la maleta E: .... kg

1 Superlog se va de compras al mercado.
Ha comprado una calabaza (C), un melón (M) y una berenjena (B).
Cuando llega a su casa, pesa las verduras.
¿Cuánto pesa cada verdura?

3 kg 295 g

1 kg 490 g

3 kg 810 g

Si necesitas ayuda, mira la página anterior.

Peso de la calabaza: .... g

Peso de la berenjena: .... g

Peso del melón: .... g

2 Superlog puede elegir entre tres bolsas de zanahorias.
Decide coger la bolsa más pesada. ¡Ayúdale a elegir!

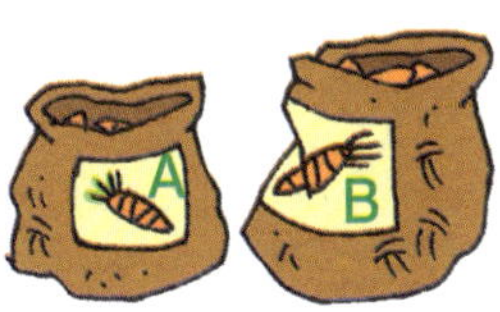

25 kg 150 g

36 kg 250 g

47 kg 300 g

Superlog elige la bolsa .... que pesa ....

Los conejos juegan al escondite

	1	2	3	4	5	6
A				2		
B		4				
C						2
D		4				
E				3		
F	**1**					

¿Podrás encontrar a los nueve conejos escondidos en esta cuadrícula?

Completa la cuadrícula dibujando los conejos que faltan sabiendo que:

- Un conejo no puede estar en contacto con otro, ni siquiera en las diagonales.
- Las cifras indican el número de conejos situados en las casillas que los rodean.

Dos conejos ya están colocados: casillas A1 y D5. Falta encontrar siete más.

La cifra 4 está escrita en D2.
Debes colocar 4 conejos alrededor de esta casilla.

Todas las casillas que tocan a la casilla D5 no pueden contener ningún conejo. Puedes tacharlas. Continúa.

En este casillero, hay 16 conejos que juegan al escondite.
Superlog ha conseguido llenarlo en menos de 10 minutos.

- Ningún conejo puede tocarse con otro.
- Las cifras indican el número de conejos que se encuentran en los hexágonos que los rodean.
- Ya se han colocado dos conejos.

¿Cuántos conejos faltan colocar? ....

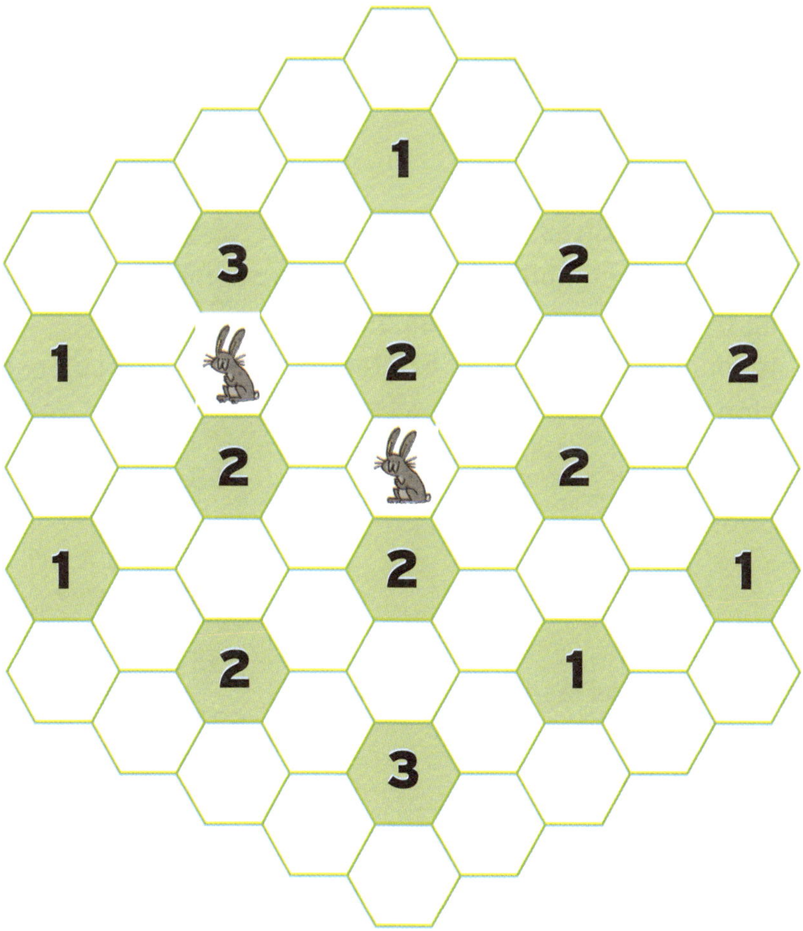

El tesoro

Superlog acaba de encontrar un cofre. Desdichadamente, está cerrado con un candado de números. ¿Encontrarás la combinación antes que él?

Instrucciones:

- El candado es de 3 cifras.
- Te propongo varias combinaciones posibles, seguidas de sus indicaciones.
- En naranja te indico cuántas cifras están bien colocadas.
- En gris, te indico cuántas cifras existen pero están mal colocadas en la combinación.

¡Escribe la combinación correcta en el candado!

Combinación	Bien colocadas (naranja)	Mal colocadas (gris)
468	1	0
587	0	1
568	0	0
953	1	0
637	0	2

¡Observa bien todas las proposiciones!

La tercera proposición te da una pista importante. ¿Cuál es? ....

Tacha las cifras inexistentes en las diferentes propuestas.

1 Mira la última línea.
Te indica 00. ¿Qué deduces?

....

¿Qué cifras puedes tachar?

....

814	0	2
231	0	1
345	0	2
182	1	0
712	0	0

Termina las investigaciones y escribe la combinación correcta en el candado.

2 Encuentra las buenas combinaciones. Escríbelas en los candados.

827	1	0
253	0	1
279	0	1
593	1	1
723	0	0

4726	1	0
6712	2	0
2640	0	0
6803	0	2
3760	2	0

Sopa de letras

Es un juego apasionante en el que hay que encontrar una palabra escondida a partir de una combinación de letras de otras palabras.

Para encontrar la palabra secreta de Superlog debes saber que:

- Solo se indican las letras bien colocadas.
- La cifra indica entonces el número de letras que están bien colocadas y existen en la combinación.

V	I	L	1
R	O	L	2
S	E	D	1
S	I	N	1
V	E	Z	0
R	E	D	0

Algunas líneas te indican que ninguna letra está bien colocada. Ya puedes tachar esas letras que están situadas en las otras combinaciones.

Las dos últimas líneas te indican que ninguna letra está bien colocada. Puedes tacharlas en las otras combinaciones. Observa ahora la primera línea. La cifra 1 te indica que hay una letra bien colocada.

Continúa.

1 Encuentra la palabra escondida.
Observa la penúltima línea. ¿Qué deduces?

Solo las letras bien colocadas están indicadas.

P E L O	0
J E F A	1
P U Ñ O	1
V I D A	2
N O T A	2
T E M O	0

2 Encuentra la palabra escondida.

R A B O	2
R I M A	1
L U T O	1
C A S A	0
A L M A	0
R O T O	3

3 Encuentra la palabra escondida.

C A N T E	1
O R D E N	1
O R U G A	3
F R E S A	3
C O M E S	0
D R A M A	2
C I S N E	0

Signos perdidos

¡Superlog lo consiguió en 10 minutos!
Hay que completar con los signos y los resultados intermedios para obtener el resultado en color.

Observa:

(6) → [− 4] → (2) → [× 4] → (8) → [× 5] → (40)

Completa escribiendo los signos +, − o × (el primero ya está escrito):

(6) → [+ 8] → (14) → [5] → (19) → [3] → (16)

Encuentra los resultados utilizando los signos +, − o ×.

(4) → [5] → (20) → [3] → (23) → [1] → (23)

(17) → [10] → (7) → [3] → (10) → [1] → (11) → [4] → (7)

(2) → [4] → (8) → [5] → (40) → [20] → (20) → [1] → (21)

Encuentro los resultados utilizando los signos +, − o × y :

(4) → [3] → (12) → [6] → (2) → [8] → (10) → [1] → (9)

(15) → [5] → (3) → [6] → (18) → [10] → (28) → [4] → (24)

(2) → [3] → (6) → [6] → (36) → [2] → (72) → [9] → (8)

El eslalon olímpico

De visita en Egipto,
Superlog escaló esta pirámide.
Ahora quiere bajar marcando
el máximo de puntos.

Traza el recorrido que permita marcar el máximo de puntos sabiendo que:

- Marca el número de puntos que se indica en cada casilla por donde pasa.
- No puede ir más que a una de las dos casillas debajo de la que se encuentra.

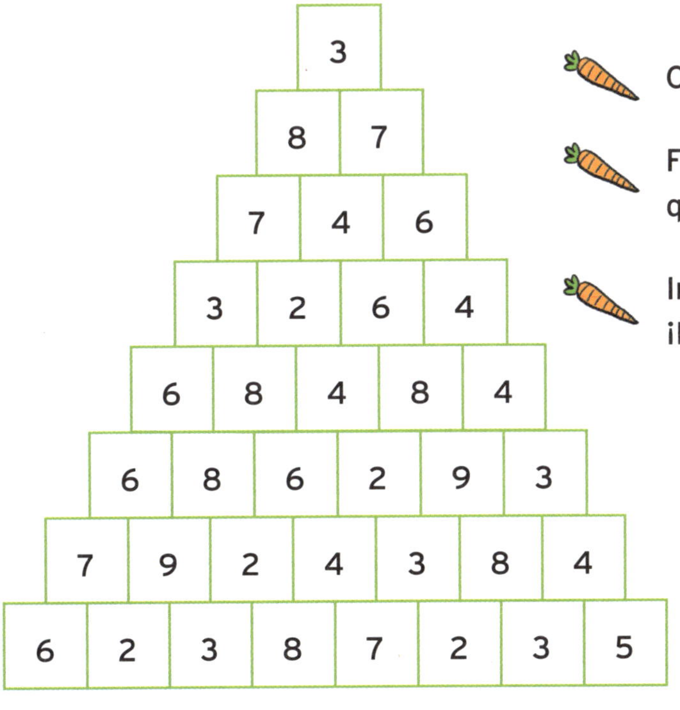

Observa toda la pirámide.

Fíjate cuáles son las casillas que más puntos dan.

Intenta varios recorridos. ¡Desconfía!

Operaciones obligatorias

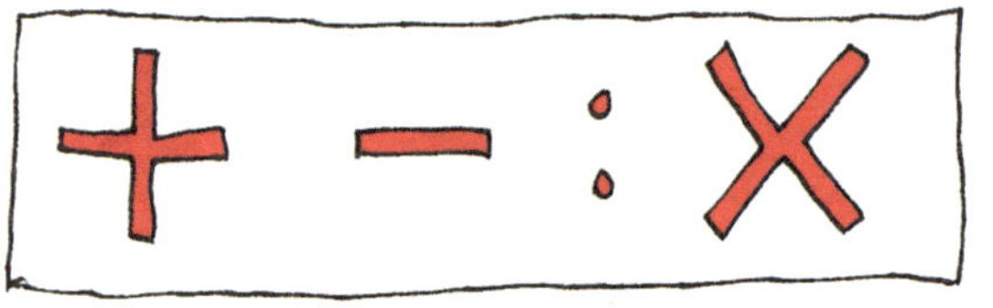

No, Superlog no es médico: es doctor en lógica...
Lo hemos filmado durante su pasatiempo favorito:
las operaciones obligatorias.

Encuentra el número del recuadro utilizando obligatoriamente todos los números propuestos y respetando las operaciones indicadas.

53

Números propuestos: 5 – 3 – 9 – 4 – 6
Operaciones: una suma – una división – dos multiplicaciones.

Respuesta:

$6 \times 4 = 24$

$24 : 3 = 8$

$9 \times 5 = 45$

$45 + 8 = 53$

Se han utilizado todos los números.
Todas las operaciones se han respetado.

Encuentra el número encuadrado utilizando todos los números propuestos y respetando las operaciones indicadas.

26

Números propuestos: 4 – 7 – 2 – 8
Operaciones: una división – una multiplicación – una resta.

....

....

5

Números propuestos: 8 – 4 – 9 – 3 – 6
Operaciones: una división – una multiplicación – una suma – una resta.

....

....

2

Números propuestos: 7 – 5 – 8 – 3 – 6 – 8
Operaciones: una división – tres sumas – una resta.

....

....

12

Números propuestos: 9 – 4 – 1 – 2 – 3 – 7
Operaciones: una división – tres multiplicaciones – una suma.

....

....

Las cuentas claras

Superlog invita a sus amigos a jugar juntos a «Las cuentas claras».
Siempre consigue ganar, ¿y tú?

Reglas del juego:

- Hay que encontrar el número en color con ayuda de los números propuestos.
- No es obligatorio utilizar todos los números propuestos.
- Se pueden hacer las operaciones que uno elija, tantas veces como quiera.
- ¡Cuando las cuentas están claras, se gana!

Ejemplo: 145

Números propuestos:
3 – 4 – 25 – 1 – 9 – 8
Me tomo tiempo para reflexionar.
9 – 3 = 6; 25 × 6 = 150
4 + 1 = 5 y 150 – 5 = 145

Explicaciones:
145 no está lejos de 150. Si tengo 150, con el 4 y el 1, consigo el 145.
Los tacho. ¿Cómo encontrar 150?
A partir de 25, hay que multiplicar por 6.
¿Cómo encontrar 6? Resto 9 – 3.

Encuentra «Las cuentas claras».

417

Números propuestos: 7 – 1 – 25 – 10 – 8 – 2

....

....

606

Números propuestos: 3 – 10 – 4 – 5 – 7 – 1

....

....

¿Quién soy?

Para Superlog proponer enigmas es un verdadero placer, le encanta «engañar» a sus amigos. ¡Gánale el desafío!

Encuentra el número con ayuda de las indicaciones dadas.

1 La cifra de las decenas es el triple que la cifra de las centenas, que a su vez es la mitad de la cifra de las unidades.
Estoy entre los números 100 y 500.

¿Quién soy? ....

2 La cifra de las decenas es el triple que la de las centenas, y el doble de las unidades.
Soy inferior a 300.

¿Quién soy? ....

3 Soy un número comprendido entre 100 y 200, divisible por 5 y divisible por 3. Además, mi cifra de las decenas es igual a la suma de mis cifras de centenas y de unidades.

¿Quién soy? ....

Problemas desconocidos

Superlog visita a su tendero, que le pide que le ayude a hacer las cuentas.

Encuentra las botellas que ha vendido el primer y el segundo día, sabiendo que:

- En tres días, vendió 77 botellas de agua.
- El segundo día, vendió tantas como el primero.
- El tercer día, vendió 29 botellas.

¿Cuántas botellas vendió en total? ....

¿Cuántas botellas vendió el tercer día? ....
Se pueden encontrar entonces el número de botellas vendidas los dos primeros días: ....

Recuerda: el mismo número de botellas se vendieron el primer y el segundo día.

Número de botellas vendidas el primer día: ....

Número de botellas vendidas el segundo día: ....

1 Superlog tiene un gran jardín cuya área es tres veces más grande que la de su huerto.

- El área total de su terreno es de 900 m^2.
- Si el césped es tres veces más grande que el huerto, colorea el césped y el huerto.

Área del huerto: .... m^2.

Área del césped: .... m^2.

2 Un terreno rectangular tiene un perímetro de 112 m. Uno de los lados es tres veces más largo que el otro. ¿Cuál es la medida de cada lado?

Largo: .... m.

Ancho: .... m.

3 Inés y Santiago han recogido 27 champiñones entre los dos. Santiago recogió 5 más que Inés. ¿Cuántos champiñones recogió cada uno?

Inés recogió: .... champiñones.

Santiago recogió: .... champiñones.

¡Ah, los globos!

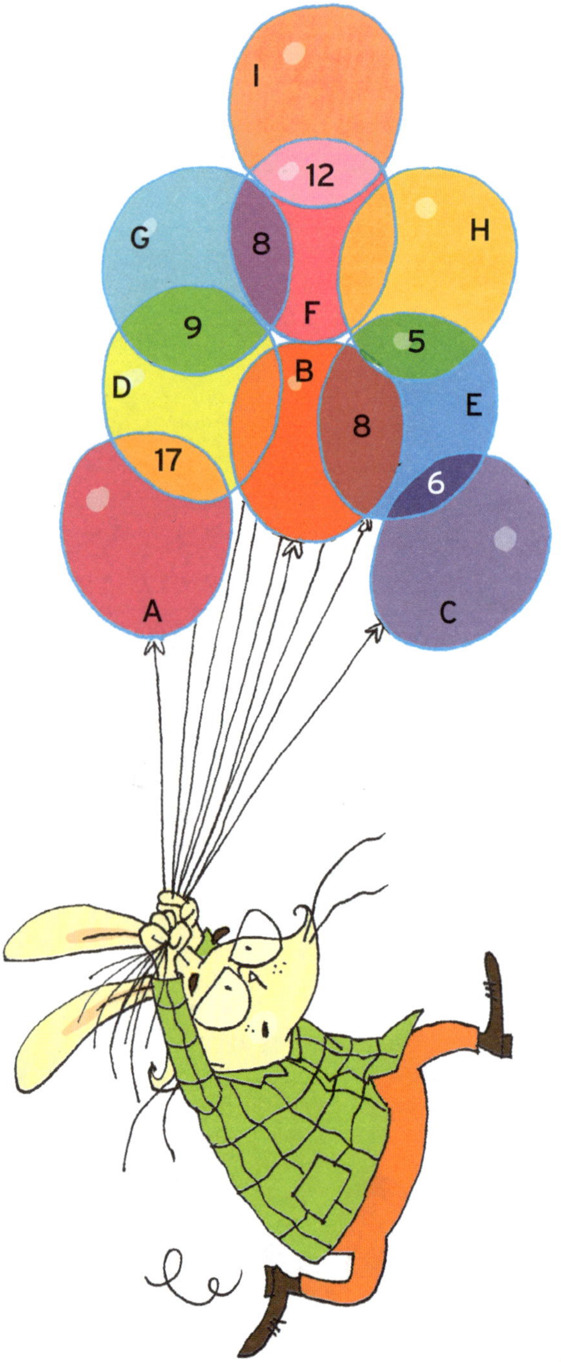

Superlog quiere comprar globos para sus nietos pero el vendedor de globos ha mezclado todo. ¿Conseguirás aclararte?

Encuentra el valor de cada globo sabiendo que:

- Cada uno de los globos (A a I) tiene un valor entre 1 y 9.
- Cuando dos globos se superponen, su parte común es igual a la suma de los dos globos.

Para ayudarte:
Con los números del 1 al 9, ¿cuál es la única posibilidad de obtener 17? (parte común a A y D).

Las operaciones codificadas

Superlog es un poco espía:
es capaz de descifrar todo...
¿tú también lo conseguirás?

Encuentra el valor de ✳ y de ▲ sabiendo que:

- Un símbolo reemplaza siempre la misma cifra.
- Un símbolo no puede representar una cifra que ya está escrita.

	3	8	2	✳
+	1	▲	6	2
+	✳	9	3	6
+	8	1	✳	▲
1	9	6	8	0

✳ = ...

▲ = ...

Atención si te llevas un número: si la primera columna da 0 como resultado, es que hay un número que debes sumar a las decenas.

¿Es posible tener 10 como resultado?
✳ + 2 + 6 + ▲ = 10 no es posible porque 6 + 2 = 8.
Esto significaría que ✳ y ▲ valdrían 1 cada uno,
lo cual es imposible.

¿Es posible tener 20 como resultado?
¿Cuánto falta? ....
¿Cómo obtener ese total? ....
Busca la única posibilidad válida y verifica.

Encontrar el valor de cada letra.

1

```
  H U I T
+ H U I T
---------
S E I Z E
```

- U = 2
- T es par.

H = ...
U = ...
I = ...
T = ...
S = ...
Z = ...
E = ...

2

```
  N E U F
+ D E U X
---------
  O N Z E
```

N = ...
E = ...
U = ...
F = ...
D = ...
X = ...
O = ...
Z = ...

3

```
  O U I
+ O U I
-------
  N O N
```

- U es impar.

O = ...
U = ...
I = ...
N = ...

4

```
    U N
+   U N
+   U N
+   U N
+   U N
+   U N
-------
  S I X
```

- N es impar, inferior a 5.
- S + I + X = 9

U = ...
N = ...
S = ...
I = ...
X = ...

1 Encuentra el valor de cada símbolo.

Observa bien el resultado: ¡hay una información muy importante!

		4	●	■
×		0	✱	▲
	●	0	4	■
+	4	●	■	•
	▲	●	9	5

● = ...

■ = ...

▲ = ...

✱ = ...

2 Encuentra el valor de cada símbolo.

		▲	■	●
×				8
	1	●	●	▲

▲ = ...

■ = ...

● = ...

3 Encuentra el valor de cada símbolo.

7	■	6	▲		6
●	■				● ▲ ▲ 7
	●	6			
		4	▲		
			0		

■ = ...

▲ = ...

● = ...

¿Dónde están los conejos?

Hoy, Superlog tenía a todos los nietos en su casa, pero los ha perdido. ¡Ayúdale pronto a encontrarlos!

Vuelve a colocar los 9 conejitos (en función de su color) en el casillero de la cuadrícula según las indicaciones que te dan.

- ■ = un conejo.
- Observa bien las posiciones de las figuras.
- Superlog ya ha descubierto un conejo.

Trata de colocar el amarillo.

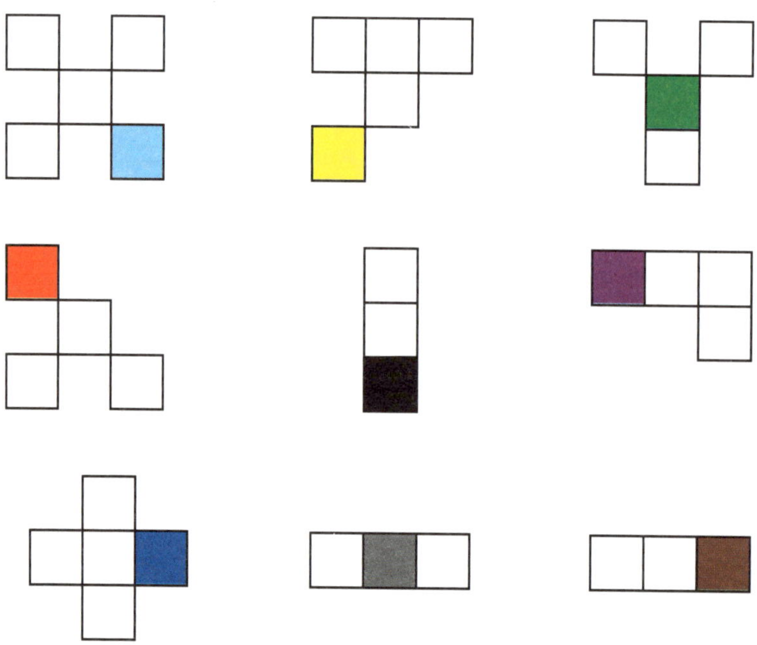

Coloca los 9 conejos de colores en esta cuadrícula.

Atención: las informaciones no te permiten colocar todos los conejos a la primera.
Debes colocar solamente los que estés seguro.

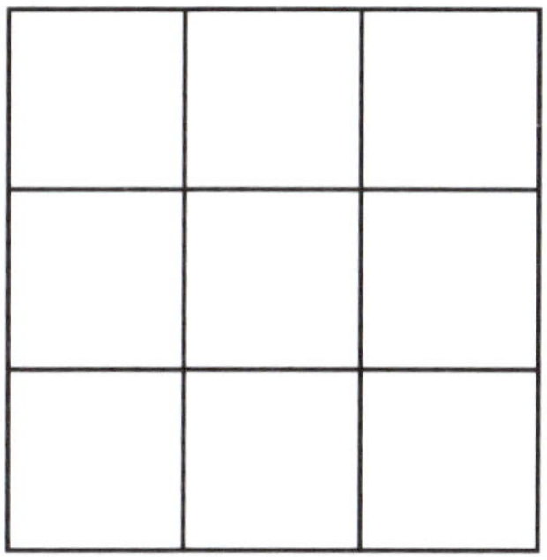

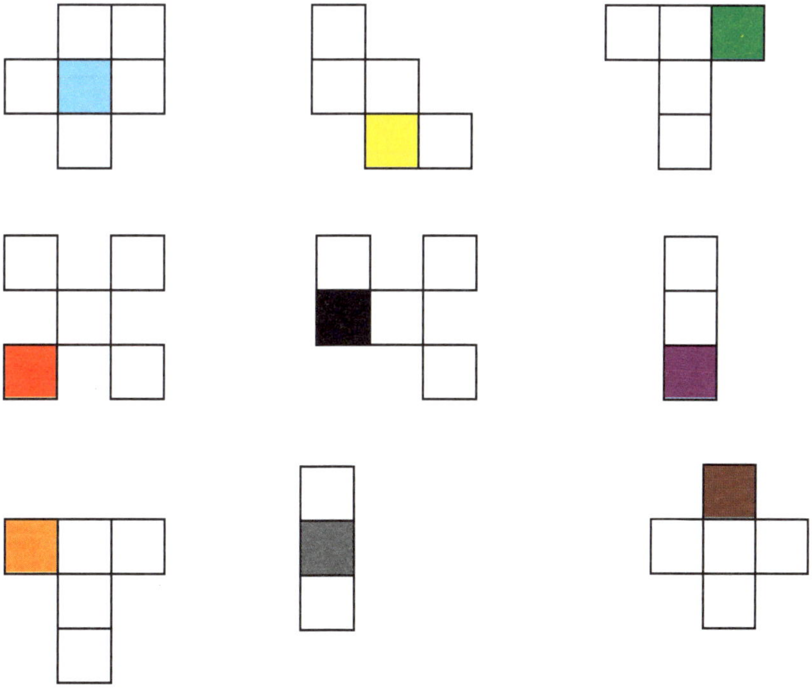

Al escondite

Coloca los conejos de colores diferentes en las casillas que corresponden.

■ : hay un conejo.

[X]: no hay conejo.

azul

amarillo

X	X	
X	X	
X	X	

verde

X		
X	X	
X		

rojo

negro

	X	
	X	
	X	

violeta

X		
X	X	
	X	

naranja

gris

X	X	X
X	X	X

marrón

X	X	
X	X	

Coloca los 9 conejos de color en esta casilla.

azul

		X
X		X
X	X	X

amarillo

verde

X	X	X
X		X

rojo

negro

	X	
X	X	
	X	X

violeta

	X	X
	X	X
	X	X

naranja

X	X	
X	X	
X	X	

gris

	X	
X	X	
X		X

marrón

Cuadrados mágicos

¡Los cuadrados mágicos son muy lógicos!
En un cuadrado mágico, la suma de los números escritos en cada columna, línea y diagonal dan siempre el mismo resultado: ¡el número mágico!

Esto es un cuadrado mágico. Obsérvalo:

4	9	2
3	**5**	7
8	1	6

El número mágico es **15**.
Se utilizan números del 1 al 9.
El número 5 que se encuentra en el centro está en el medio del cuadrado.
Las extremidades de la secuencia (1 y 9) lo rodean.
En la diagonal que parte de la casilla arriba a la izquierda hay una secuencia. 4 + 9 + 2 = 15; 2 + 5 + 8 = 15; 9 + 5 + 1 = 15...

Observa y luego completa este cuadrado mágico de cinco casillas de lado.

Se utilizan los números del 1 al 25.
13 es el número central.
1 y 25 los números que lo rodean.
La diagonal que empieza en la casilla arriba a la izquierda contiene una secuencia.
Esta diagonal es el eje de simetría: tenemos + 5 en las casillas situadas debajo y 5 en las casillas situadas arriba.
¿Cuál es el número mágico de este cuadrado? ....

(− 5) →

11		7	20	
	12	25		
17	3	**13**		9
10	18	1	14	
	6	19		15

← (+ 5)

Utilizando las observaciones de la página anterior, completa este cuadrado que tiene siete casilleros de lado, utilizando los números del 1 al 49.

– 7

+ 7

	23					
			49			
13			25		19	
			1	26		
			33		27	
		40				

–7

+ 7

25 es el número central.
Las extremidades son 1 y 49.
¿Qué se encontrará en la diagonal?
Es el eje de simetría: + 7 debajo y – 7 arriba.

¿Cuál es el número mágico? ....

Rompecabezas

Superlog es un genio con los rompecabezas. Sus amigos siempre están sorprendidos por sus astucias. ¿
también serás capaz de encontrarlas?

Si necesitas índices, ve a buscarlos en las correcciones...

1 Superlog quiere compartir sus 17 monedas de plata entre sus tres amigos: Pedro, Pablo y Santiago.

- Le da la mitad a Pedro.
- Un tercio es para Pablo.
- Una novena parte para Santiago.

¿Cuántas monedas recibirá cada amigo? ....

2 En el recreo, Conejín comparte las canicas que ha ganado.

- Tiene 23 canicas.
- Da la mitad a Serafín.
- César tendrá un tercio.
- Teo recibirá un octavo.

¿Cuántas canicas recibirá cada uno? ....

3 Un granjero tiene 100 denarios y compra 100 aves.

- Un gallo vale 5 denarios, una gallina 3 denarios y tres pollitos 1 denario.
- El granjero debe comprar al menos dos tipos de aves.

¿Qué puede comprar? ....

Encuentra varias soluciones: hay muchas...

Operaciones mágicas*

Superlog es un poco mago.
Mira y admira los trucos
que te propone.

1 Elige un número comprendido entre 1 y 9.
Multiplícalo por 12 345 679.
Multiplica el resultado obtenido por 9.

¿Qué constatas? ....

2 Elige un número inferior a 8.
Multiplícalo por 15 873.
Multiplica el resultado por 7.

¿Qué constatas? ....

3 Elige un número de 3 cifras
y duplícalo con él mismo.
(Por ejemplo 375 se convierte en 375 375)
Divídelo por 7.
Divide el resultado obtenido por 11.
Divide el resultado obtenido por 13.

¿Cuál es el resultado? ....

¿Qué constatas? ....

....

* ¡No! ¡No! **lógicos** (ver las correcciones en la página 63).

Cuadro de la verdad

Pablo, Miguel, Pedro, Jerónimo y Juana conducen cada uno un coche diferente: Peugeot, Renault (coches franceses), Fiat (coche italiano) Ligier (coche de carreras francés) y Ferrari (coche de carreras italiano).

Encuentra quién conduce cada coche con las indicaciones siguientes:

- Pablo y Miguel tienen un coche francés.
- Juana y Jerónimo conducen despacio y no tienen coches de carreras.
- Miguel, Juana y Jerónimo suben a menudo en el Renault pero no lo conducen.
- Pablo, Juana y el propietario del Peugeot son amigos.

Utiliza este cuadro de la verdad.

1 = sí.

0 = no.

	Peugeot	Renault	Fiat	Ligier	Ferrari
Pablo			0		0
Miguel			0		0
Pedro					
Jerónimo					
Juana					

Solo puede haber un solo 1 por línea y por columna.

Si una línea está llena de 0, el último casillero tienen forzosamente un 1.

Continúa...

1 En el bar, los invitados pueden escoger entre diversas bebidas. Indica lo que bebe cada uno, sabiendo que:

- Cada uno puede escoger un solo tipo de bebida.
- Alan es el único bebedor de cerveza.
- Claudio no soporta las burbujas.
- A Diego no le gusta ni el agua con gas ni la Coca.
- Beatriz solo bebe agua con gas.

Llena este cuadro de la verdad.

	Agua con gas	Coca	Naranjada	Cerveza	Agua sin gas
Alan					
Beatriz					
Claudio					
Diego					
Esteban					

2 A Jerónimo, Daniel, Rodrigo y Sara les encanta salir. Cada uno tiene una manera diferente para ir a su entretenimiento preferido. Con ayuda de las informaciones siguientes, encuentra quién va a dónde y cómo lo hace.

- Daniel nunca va al cine y siempre se desplaza en tren.
- Jerónimo jamás se pierde un concierto pero no posee una bicicleta.
- Rodrigo frecuenta las exposiciones y va a pie.

Utiliza este cuadro de la verdad.

	Cine	Teatro	Concierto	Exposición	A pie	Tren	Coche	Bici
Sara								
Daniel								
Jerónimo								
Rodrigo								

Correcciones

4. Conejín tiene 9 años.
Agata tiene 11 años. Su padre tiene 37 años, su madre tiene 32 años, su abuela tiene 55 años, y su abuelo tiene 53 años.

5. L = 454; O = 462; S = 3 P = 14;
G = 8 141; E = 160; U = 12; R = 351.
El maestro de lógica se llama SUPERLOG.

6. 64 (Se duplica cada vez.)
8 (- 3, + 1, - 3, + 1, por eso hay que restar 3 al último número).
64 (Se multiplica la cifra por sí misma, se saca 1, se multiplica la cifra por sí misma, y así se sigue.)
150 (Se multiplican los 2 números de abajo.)
17 (Hay que sumar los 2 números de la derecha y sustraer el número de abajo a la izquierda a la suma obtenida.)
16 (El número central es la suma de los otros 4 números.)
3 (El número central se obtiene haciendo la sustracción entre los 2 números horizontales y la diferencia entre los 2 números verticales; se hace la diferencia entre los 2 resultados obtenidos:
10 - 3 = 7, 9 - 5 = 4 y 7 - 4 = 3.)

7.

(Salto siempre un casillero.)

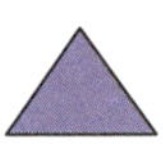

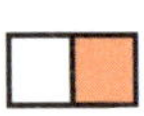

(Reproduzco lo mismo, al revés, invierto, reproduzco el mismo, invierto y para el que falta invierto.)

(Salto un casillero, pinto el casillero siguiente, salto un casillero y así sigo.)

(Coloreo el siguiente, salto un casillero, coloreo el siguiente...)

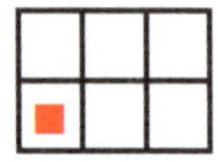

(Las formas se desplazan de casillero en casillero.)

8.  = 6 monedas de oro
 = 21 monedas de oro
 = 9 monedas de oro
 = 3 monedas de oro

9. **1:** Una estrella = 4 cuadrados. El lote número 1 vale 13 cuadrados y tiene el mayor valor.
2: La bolsa contiene el equivalente de 30 canicas rosas (9 negras valen 18 rosas) o sea que pesa 30 × 7 = 210 g.

10.

9	+	8	=	17
–		–		–
5	+	3	=	8
=		=		=
4	+	5	=	9

11.

7	–	6	=	1
–		:		+
4	×	2	=	8
=		=		=
3	×	3	=	9

Una solución posible:

1	+	6	–	2	=	5
+		×		+		+
4	+	2	+	1	=	7
+		:		–		–
3	+	3	:	1	=	6
=		=		=		=
8	+	4	:	2	=	6

12.

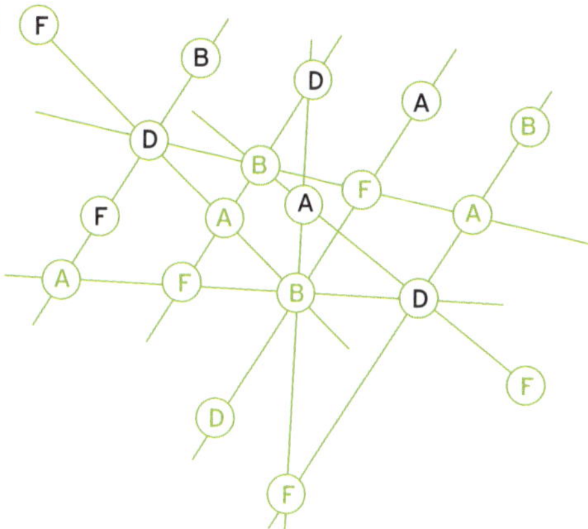

Superlog prefiere las fresas.

13. 1:

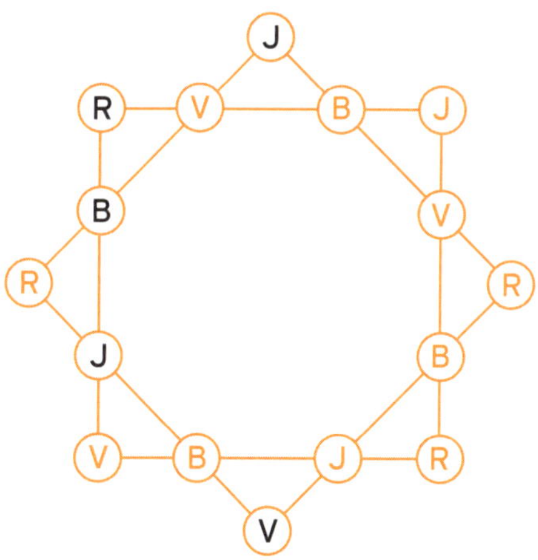

2: Conejín: 3 lotes de nabos o 7 lotes de 3 tomates = 21 verduras; Serafín: 3 lotes de zanahorias (15 verduras) + 2 lotes de tomates (6 verduras) = 21 verduras; Juana: 1 lotes de nabos (7 verduras) + 1 lotes de zanahorias (5 verduras) + 3 lotes de tomates (9 verduras) = 21 verduras.

14. Ha pintado ya 6 cuadrados.

15. a) 2 cuadrados.
b) 2 cuadrados.
c) 7 cuadrados.

16. Separa bien los números idénticos. Los tres 2 están en zonas diferentes.

8	2	3	⑤	6
7	4	⑤	2	10
6	10	3	1	4
14	17	2	8	7

17.

3	4	12	10	5
7	8	8	7	11
2	4	1	10	1
5	4	3	2	1

8	2	3	5	6
7	4	5	2	10
4	12	3	17	4
14	1	2	8	7

5	11	9	5	10
1	②	②	3	7
7	9	9	5	②
5	3	②	3	8

18.

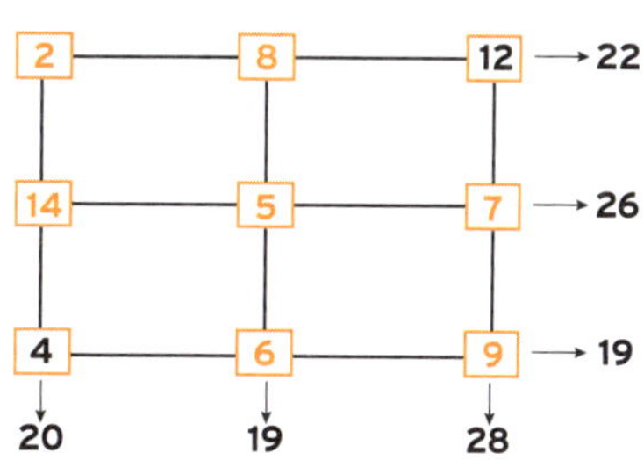

19.

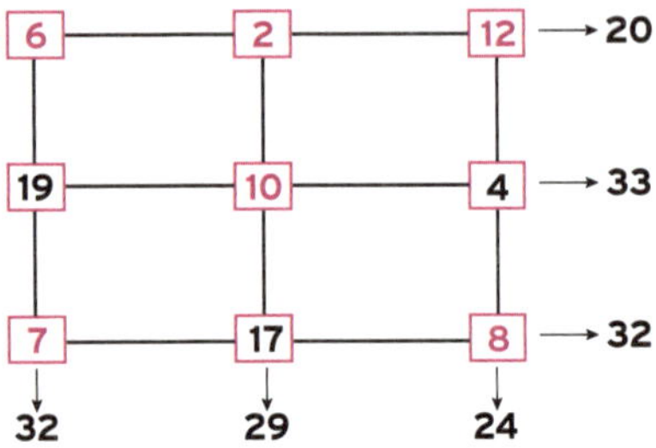

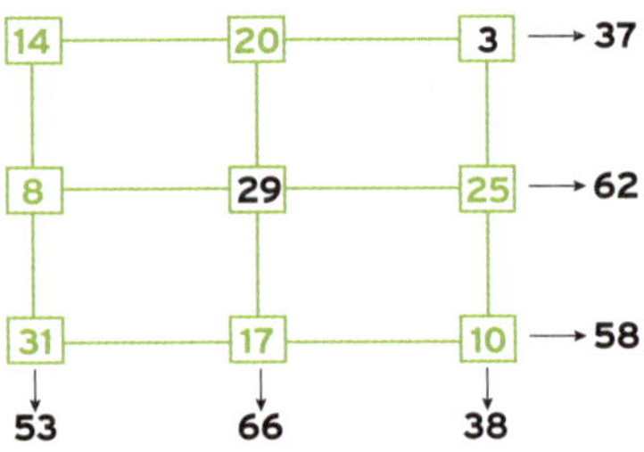

20.

21. Dos soluciones posibles:

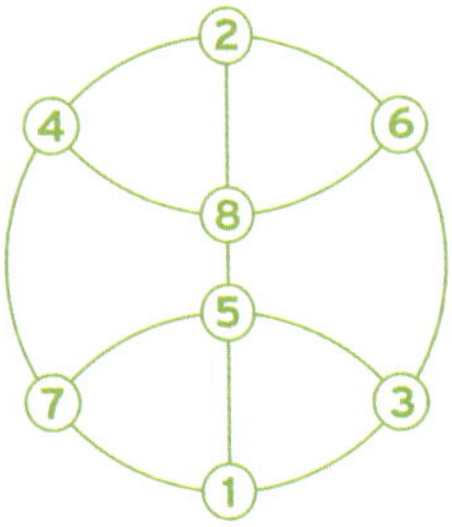

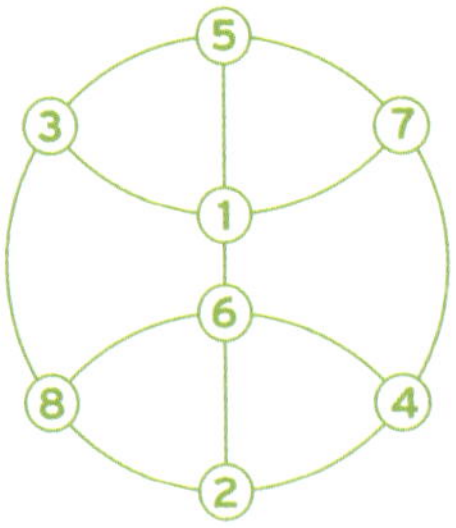

Una solución:

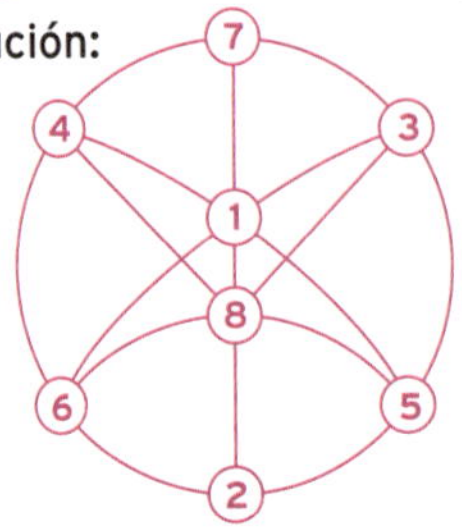

22. □ = 4 △ = 1 ○ = 3 ✕ = 5

23. ☆ = 5 ☾ = 3 ▭ = 2 ◇ = 4
△ = 4 ⏢ = 1 ○ = 2 □ = 3

24. NABOS

25. FINCA

26. Lunes: camisa de lana amarilla.
Martes: camisa de seda verde.
Miércoles: camisa de algodón negra.

27. **1:** Pedro lee una novela policial.
Pablo lee una novela de aventuras.
Santiago lee un cómic.
Superlog lee un libro de enigmas de matemáticas.

2: El francés.

28. Maleta A: 13 kg — Maleta B: 25 kg
Maleta C: 26 kg — Maleta D: 24 kg
Maleta E: 31 kg

29. **1:** Calabaza: 2 320 g — Melón: 975 g
Berenjena: 515 g

2: La bolsa C, que pesa 22 kg 150 g.

30.

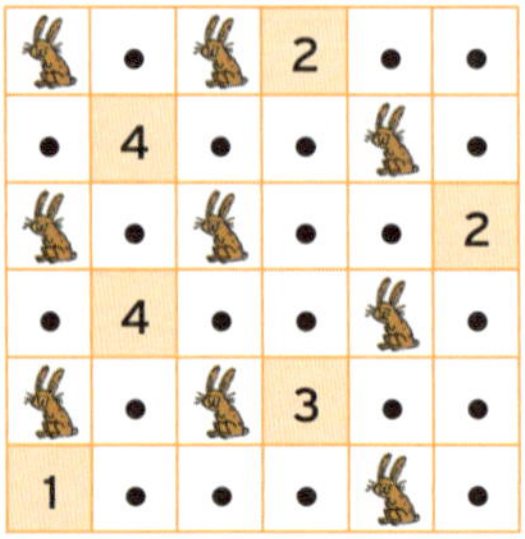

31.

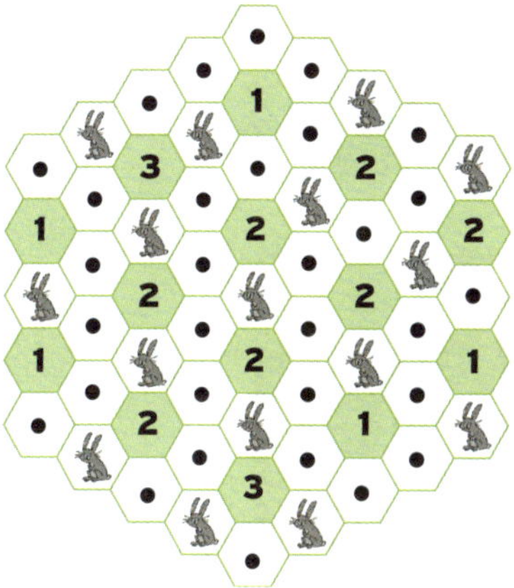

32. 473

33. 1: 483 2: 895 – 3718

34. SOL

35. 1: NIÑA 2: ROBO 3: FRUTA

36.

6 → +8 → 14 → +5 → 19 → −3 → 16

4 → ×5 → 20 → +3 → 23 → ×1 → 23

17 → −10 → 7 → +3 → 10 → +1 → 11 → −4 → 7

2 → ×4 → 8 → ×5 → 40 → −20 → 20 → +1 → 21

4 → ×3 → 12 → :6 → 2 → +8 → 10 → −1 → 9

15 → :5 → 3 → ×6 → 18 → +10 → 28 → −4 → 24

2 → ×3 → 6 → ×6 → 36 → ×2 → 72 → :9 → 8

37.

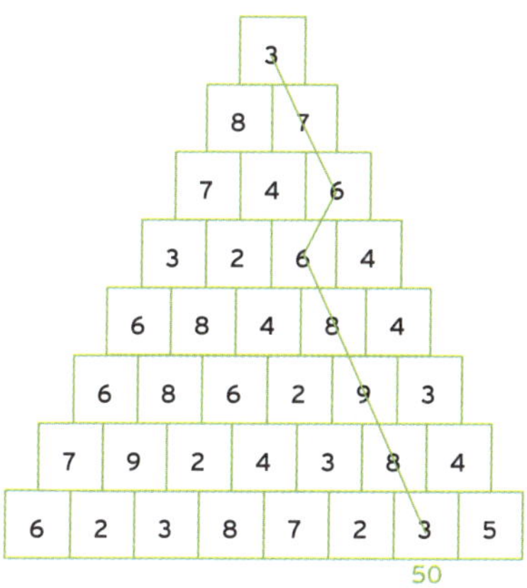

39. 26 $7 \times 8 = 56$
$56 - 4 = 52$
$52 : 2 = 26$

5 $9 \times 4 = 36$
$36 : 6 = 6$
$8 - 6 = 2$
$3 + 2 = 5$

2 $8 - 7 = 1$
$6 + 5 = 11$
$8 + 3 = 11$
$11 : 11 = 1$
$1 + 1 = 2$

12 $7 + 1 = 8$
$8 \times 9 = 72$
$4 \times 3 = 12$
$72 : 12 = 6$
$6 \times 2 = 12$

40. Por ejemplo:

417 $10 + 7 = 17$
$17 \times 25 = 425$
$425 - 8 = 417$

606 $3 \times 5 = 15$
$15 \times 10 = 150$
$150 \times 4 = 600$
$7 - 1 = 6$
$600 + 6 = 606$

41. 1: Tres soluciones posibles:
132 o 264 o 396.
2: 263.
3: 165.

42. $77 - 29 = 48$
$48 : 2 = 24$
Vendió 24 botellas el primer día
y 24 botellas el segundo.

43. 1: Área del huerto: $900 : 4 = 225$ m²
Área del césped: $225 : 3 = 675$ m²
2: Medio perímetro: $112 : 2 = 56$ m
Largo: $56 : 4 = 14$ m
Ancho: $14 : 3 = 42$ m
o: $56 - 14 = 42$ m

3: Inés ha cogido 11 champiñones y Santiago 16 champiñones.

44.

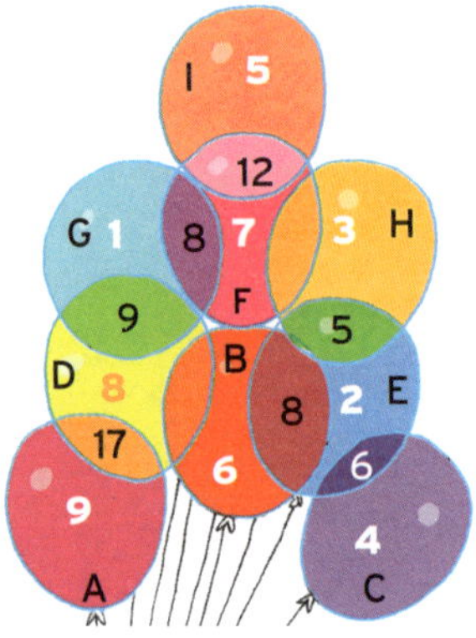

A = 9
B = 6
C = 4
D = 8
E = 2
F = 7
G = 1
H = 3
I = 5

45. ✳ = 5
▲ = 7

46. 1: H = 9 U = 2 I = 5 T = 4
S = 1 E = 8 Z = 0
2: N = 1 E = 5 U = 7 F = 2
D = 6 X = 3 O = 8 Z = 4
Los valores de F y X pueden invertirse.
3: O = 3 U = 1 I = 8 N = 6
4: U = 5 N = 1 S = 3 I = 0
X = 6

47. 1: ▲ = 7 ■ = 5 ● = 3 ✳ = 1
2: ▲ = 2 ■ = 4 ● = 9
3: ■ = 3 ▲ = 2 ● = 1

48.

49.

50.

51.

52.

11	24	7	20	3
4	12	25	8	16
17	5	13	21	9
10	18	1	14	22
23	6	19	2	15

Número mágico = 65

53.

22	47	16	41	10	35	4
5	23	48	17	42	11	29
30	6	24	49	18	36	12
13	31	7	25	43	19	37
38	14	32	1	26	44	20
21	39	8	33	2	27	45
46	15	40	9	34	3	28

Número mágico = 175

54. 1: Hay una astucia: Superlog pide prestada una moneda a su vecino y entonces posee 18.
Puede darle la mitad a Pedro (9 monedas) un tercio a Pablo (6 monedas) y una novena parte a Santiago (2 monedas).
9 + 6 + 2 = 17: Y así puede devolver la moneda que le pidió al vecino en cuanto realiza el reparto.

2: Es la misma astucia: hay que pedir una canica. Conejín tiene entonces 24 canicas que puede compartir: Serafín tendrá 12 canicas, Cesar tendrá 8 canicas, y Teo tendrá 3 canicas.

12 + 8 + 3 = 23 canicas y Conejín puede devolver la canica que ha pedido prestada.

3: Algunas soluciones (¡hay muchísimas!) para este programa que es del siglo V.

a) 0 gallos 25 gallinas 75 pollitos
→ 100 aves
o sea 0 denarios 75 denarios 25 denarios
→ 100 denarios

b) 8 gallos 11 gallinas 81 pollitos
→ 100 aves
40 denarios 33 denarios 27 denarios
→ 100 denarios

c) 12 gallos 4 gallinas 84 pollitos
→ 100 aves
60 denarios 12 denarios 28 denarios
→ 100 denarios

55. La explicación es simple y lógica:

1: 12 345 679 × 9 = 111 111 111

Así, cualquiera que sea el número elegido (comprendido entre 1 y 9), se lo encontrará en el resultado × 111 111 111,

Por ejemplo, si elegimos 4,
4 × 12 345 679 × 9 =
4 × 111 111 111 = 444 444 444

2: La misma explicación:
15 873 × 7 = 111 111

3: 7 × 11 × 13 = 1 001

Dividiendo un número doblado por 1001 se encuentra siempre el mismo número original.

56.

	Peugeot	Renault	Fiat	Ligier	Ferrari
Pablo	0	1	0	0	0
Miguel	0	0	0	1	0
Pedro	0	0	0	0	1
Jerónimo	1	0	0	0	0
Juana	0	0	1	0	0

57. 1:

	Agua con gas	Coca	Naranjada	Cerveza	Agua sin gas
Alan	0	0	0	1	0
Beatriz	1	0	0	0	0
Claudio	0	0	0	0	1
Diego	0	0	1	0	0
Esteban	0	1	0	0	0

2:

	Cine	Teatro	Concierto	Exposición	A pie	Tren	Coche	Bici
Sara	1	0	0	0	0	0	0	1
Daniel	0	1	0	0	0	1	0	0
Jerónimo	0	0	1	0	0	0	1	0
Rodrigo	0	0	0	1	1	0	0	0

Mis juegos de lógica 9-11 años

Para resolver un problema de lógica, hay que ser capaz de poner en práctica diferentes competencias fundamentales:

- comprender exactamente lo que se pide;
- entender el sentido de las indicaciones o de los ejemplos propuestos;
- ser atento, concentrarse, ser perseverante;
- entender globalmente la situación y luego explorar sus aspectos particulares y analizarlos;
- descubrir los lazos lógicos, cronológicos, matemáticos entre los diferentes elementos y saber deducir otros;
- demostrar espíritu de iniciativa, saber anticipar;
- organizar y poner en práctica una estrategia de búsqueda, saber formular hipótesis, verificarlas;
- sacar conclusiones.

Esta obra que sigue al Pequeño Cuaderno *Mis primeros Juegos de lógica 8-9 años* permite desarrollar esta competencia en un contexto lúdico. El niño se entrena al razonamiento lógico y lo que desarrollará aquí le servirá en otros terrenos, en particular en las matemáticas y la resolución de los problemas.

Los juegos y los enigmas que se proponen, numerosos, divertidos y variados, son ocasión de trabajar las nociones de localización (posiciones, desplazamiento de objetos en un casillero, ocupación del espacio, delimitación de zonas), de operaciones (jugar con las operaciones, encontrar números, signos de operaciones, comprender las situaciones de reparto), de combinación (varios elementos según uno o varios criterios), de deducción (secuencias lógicas, tablas de la verdad, situaciones con elementos desconocidos), desarrollando su capacidad para razonar de manera abstracta.

Consejos de utilización

Los juegos están presentados de manera progresiva, por eso aconsejamos realizarlos en el orden del cuaderno.

En cada página, asegúrese de que el niño comprende bien lo que se le pide. Es necesario darle tiempo para ensayar, buscar, cometer errores y experimentar diferentes soluciones.

Para llegar a la respuesta de los juegos y enigmas propuestos, a veces son posibles diferentes caminos o maneras de hacer. Si el razonamiento y la respuesta son correctos, respete los procedimientos utilizados por el niño, aun si existen otros más «expertos» (que también puede mostrarle, simplemente a título indicativo, sin marcar ninguna preferencia por uno u otro). A veces, el niño necesita retornos hacia atrás sobre su manera de razonar para progresar.

Frente a una verdadera incomprensión, no deje que se instale el desaliento y sepa detenerse; deje momentáneamente el cuaderno y vuelva un poco más adelante.

Las situaciones que se propone este pequeño cuaderno han sido probadas con niños que han experimentado un verdadero placer para resolverlos. Es importante que sean considerados como un juego con el niño y no como un ejercicio obligatorio.

Título original: *Jeux de logique*

Realización: Laser Graphie

Impreso por Macrolibros – Valladolid
DL: B-9.984-2017 / ISBN: 978-84-16972-10-4